SNEAKY PRESS

©Copyright 2023
Pauline Malkoun

A catalogue record for this work is available from the National Library of Australia.

ISBN 9781922641939

Sneaky Press is the imprint of Sneaky Universe.
www.sneakyuniverse.com
First published in 2023

Sneaky Press
Melbourne, Australia.

Il Libro dei Fatti Casuali sugli Aerei

Sneaky Press

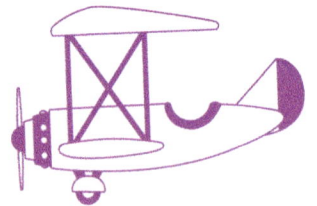

Contenuti

Fatti Casuali sulla Storia degli Aerei   6

Tipi di Aerei   8

Fatti Casuali sugli Aeroporti   10

Primi Voli degli Aerei   14

Record degli Aerei   16

Fatti Casuali sugli Aerei   18

Altri Fatti Casuali sugli Aerei   20

Fatti Casuali sugli Aeroplanini di Carta   24

Istruzioni per gli Aeroplanini di Carta   26

Fatti Casuali sulla Storia degli Aerei

I fratelli Wright, Wilbur e Orville, furono i primi a volare su un aeroplano con motore il 17 dicembre 1903.

Effettuarono quattro brevi voli a Kitty Hawk, North Carolina, con Orville Wright come pilota.

Potete vedere il loro aereo esposto nel National Air and Space Museum a Washington D.C.

Il loro aereo era chiamato Wright Flyer 1903.

La donna francese Bessie Coleman è ampiamente considerata la prima aviatrice. Ottenne la sua licenza di pilota in Francia nel 1921 e divenne una famosa aviatrice acrobatica.

Il motore, costruito da Charlie Taylor (un dipendente dei fratelli Wright), aveva 12 cavalli di potenza ed era alimentato a benzina.

La prima donna a volare da sola attraverso l'Oceano Atlantico fu Amelia Earhart, nel maggio del 1932.

Tipi di Aerei

Gli aerei di linea trasportano un gran numero di persone su lunghe distanze. Questi includono gli Airbus e i Boeing utilizzati dalle compagnie aeree.

Il turboelica è un aereo a elica che può volare tra i 965 e i 1609 chilometri in un solo volo.

Il pistone è un piccolo aeroplano che può volare tra i 482 e i 643 chilometri per volo.

I jet di solito volano a 980 Km all'ora e possono raggiungere altitudini di quasi 15000 metri.

I bombardieri sono aerei militari progettati per trasportare e sganciare bombe su obiettivi nemici - sono più grandi e più lenti dei caccia.

I caccia sono aerei militari progettati per combattere contro altri velivoli.

Fatti Casuali sugli Aeroporti

Con una pista di appena meno di 400 metri, il più piccolo aeroporto del mondo si trova nella città di Juancho E. Yrausquin sull'isola caraibica di Saba. Solo piccoli aerei possono atterrare lì.

L'aeroporto di College Park nel Maryland (USA) fu il primo aeroporto ad aprire nel 1909.

L'aeroporto Suvarnabhumi di Bangkok ospita la torre di controllo più alta del mondo, alta poco più di 131 metri.

In termini di superficie terrestre, l'aeroporto più grande del mondo, con 780 chilometri quadrati, è l'aeroporto internazionale T Fahd in Arabia Saudita.

L'aeroporto con il maggior numero di piste di atterraggio è l'aeroporto internazionale di Hartsfield-Jackson ad Atlanta, negli Stati Uniti, che ha cinque piste parallele e due piste incrociate.

L'aeroporto con il maggior traffico passeggeri al mondo è l'Aeroporto Internazionale di Pechino-Capitale in Cina, dove nel 2019 hanno transitato oltre 100 milioni di passeggeri.

Il terminal più grande si trova al Nuovo Aeroporto di Istanbul in Turchia, con una superficie di 1,3 milioni di metri quadrati.

La pista più lunga del mondo è lunga 5500 metri ed è situata all'Aeroporto di Qamdo Bamda in Tibet.

L'Aeroporto Internazionale Hamad a Qatar ha una piscina.

L'Aeroporto Internazionale di Incheon in Corea del Sud ha un giardino interno.

L'Aeroporto Internazionale di Monaco in Germania ha una pista di pattinaggio sul ghiaccio.

L'Aeroporto Internazionale di Vancouver in Canada ha un acquario.

L'Aeroporto Internazionale di Kuala Lumpur in Malaysia ha un percorso attraverso la giungla.

L'Aeroporto Internazionale di Hong Kong a Hong Kong ha un museo dell'aviazione.

Primi Voli degli Aerei

Il primo volo ad attraversare l'Oceano Atlantico avvenne nel 1919 ad opera della Marina degli Stati Uniti. Il viaggio durò 24 giorni.

Nel 1947, Chuck Yeager pilotò il Bell X-1, il primo aereo a volare più veloce della velocità del suono, 343 metri al secondo.

Nel 1927, Charles Lindbergh divenne la prima persona a volare da sola attraverso l'Atlantico in un viaggio senza scali. Ciò gli richiese meno di 34 ore.

Il primo volo transpacifico dalla California, USA, a Brisbane, Australia, fu pilotato dall'aviatore australiano Charles Kingsford Smith nel 1928.

Il primo volo intorno al mondo con un aeroplano alimentato a energia solare durò oltre un anno. Iniziò nel marzo del 2015 e terminò nel luglio del 2016.

Il primo aereo di linea commerciale, il de Havilland Comet, effettuò il suo primo volo per la British Overseas Airways Corporation nel 1952.

Nel 1939, l'ingegnere tedesco Hans von Ohain pilotò il primo aereo a propulsione a getto.

Nel 1986, il primo volo senza scali intorno al mondo impiegò 9 giorni, 3 minuti e 44 secondi.

Record degli Aerei

L'aereo più piccolo del mondo pesa solo 162 chili e ha un'apertura alare di soli 4,4 metri. Vola a velocità fino a 482 km/h.

Il record del volo nonstop più lungo è detenuto dalla Singapore Airlines.

Il volo copre oltre 15.000 km da Singapore a New Jersey negli Stati Uniti ed è lungo poco più di 18 ore.

Con 640.000 kg, l'Antanov AN_225 è l'aereo più pesante del mondo.

La quota più alta raggiunta da un aeroplano di linea è di 18.288 metri. Fu raggiunta da un aereo Concorde.

La quota più alta raggiunta da un aereo militare è di circa 27.430 metri.

Il più grande aereo passeggeri è l'Airbus A380. Può trasportare fino a 850 persone.

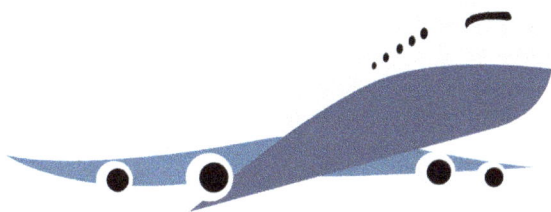

Svelato nel febbraio 2018, lo Stratolaunch ha la più grande apertura alare su un aereo, 117 metri da estremità a estremità.

Il Lockheed SR-71 Blackbird è l'aereo più veloce di sempre, raggiungendo una velocità di 3.530 chilometri all'ora.

Il mercoledì 24 luglio 2019 è stato il giorno più trafficato della storia dell'aviazione registrando oltre 225.000 voli in quel giorno.

Fatti Casuali sugli Aerei

Alcuni aerei possono volare fino a 5 ore con un solo motore funzionante.

Le scatole nere sono in realtà di colore arancione acceso.

L'apertura alare del Boeing 747 è più lunga della distanza del primo volo dei fratelli Wright.

Il Concorde poteva volare a quasi il doppio della velocità del suono, 605 metri al secondo.

Il serbatoio di un Boeing 747 può contenere oltre 220.000 litri di carburante.

Tutti i piloti che volano a livello internazionale devono parlare almeno un po' di inglese.

I bagni degli aerei possono essere aperti sia dall'interno che dall'esterno.

All'interno di un Boeing 747 ci sono oltre 225 km di cablaggio.

Altri Fatti Casuali sugli Aerei

In ogni volo, il pilota e il co-pilota mangiano pasti diversi.

Durante i lunghi voli, gli assistenti di volo hanno accesso a camere da letto e bagni segreti.

Il livello di umidità in un aereo, di solito impostato al 20%, è più secco del deserto del Sahara, che ha circa il 25% di umidità.

I primi pasti serviti in un volo erano panini e un pezzo di frutta su un volo da Londra a Parigi nel 1919.

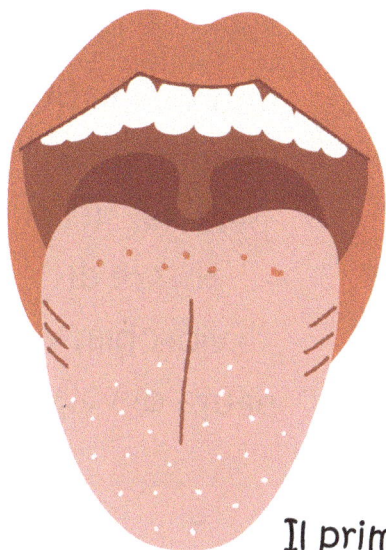

La sensibilità delle papille gustative diminuisce del 30% per i cibi salati e dolci durante il volo.

Il primo film in volo, "The Lost World", è stato proiettato su un volo da Londra a Parigi nel 1925.

Fondata nel 1919, la compagnia olandese KLM è la più antica compagnia aerea del mondo.

I jet passeggeri commerciali solitamente viaggiano a una velocità media compresa tra 740 e 925 chilometri all'ora.

La classe business è stata inventata da Qantas nel 1979.

Approssimativamente una persona su sei soffre di aviofobia, la paura di volare.

Un volo da Londra a Singapore dura circa 12 ore. Nel 1934 avrebbe richiesto otto giorni e avrebbe incluso 22 scali.

Il Boeing 747 ha circa sei milioni di parti.

Leonardo da Vinci era affascinato dal volo e ha disegnato diversi macchinari volanti ispirati alle ali degli uccelli.

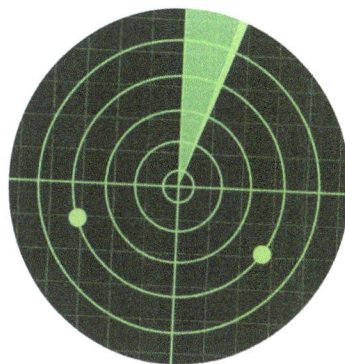

Oltre alle auto, la SAAB produce aerei militari, sistemi di controllo del traffico aereo e radar.

La Rolls-Royce produce motori per aerei oltre a automobili di lusso.

Fatti Casuali sugli Aeroplanini

Si pensa che gli aeroplani di carta abbiano avuto origine in Cina 2000 anni fa.

I primi aeroplani di carta moderni risalgono al 1909.

Il record del volo più lungo di un aeroplano di carta è di 29,2 secondi.

Gli studenti in Germania hanno creato il più grande aeroplano di carta nel settembre 2013. Aveva un'apertura alare di 18,2 metri.

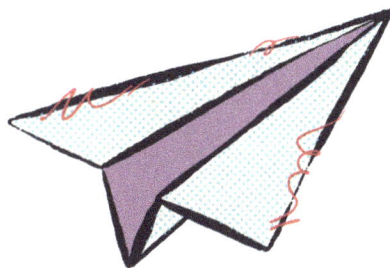

La distanza più lunga percorsa da un aeroplano di carta è di poco più di 88 metri.

Istruzioni per gli Aeroplanini di Carta

1. Piegare la carta a metà.

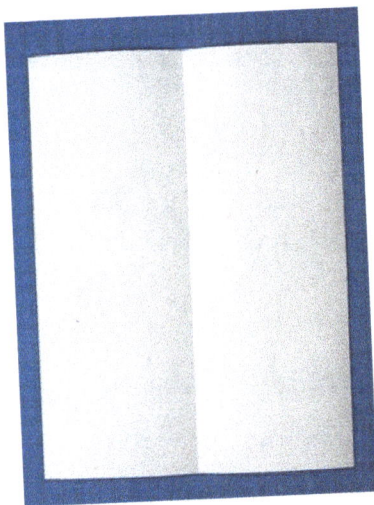

2. Riaprire il foglio e poi piegare gli angoli superiori centrale.

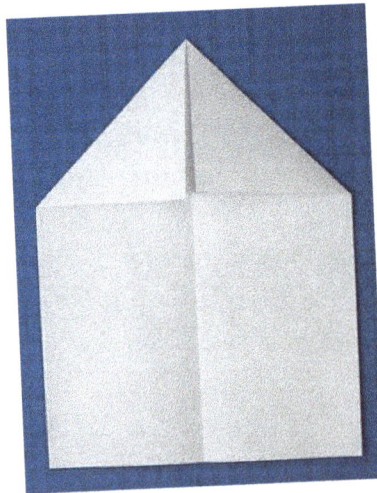

3. Piegare i bordi superiori verso il centro.

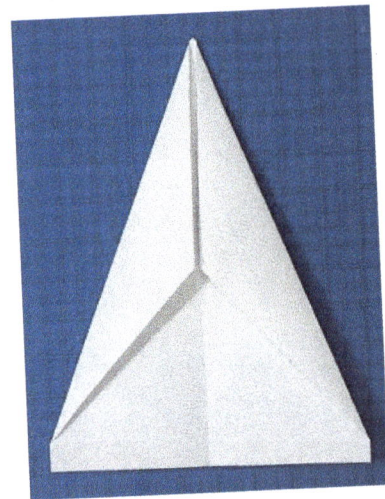

4. Piegare l'aereo a metà.

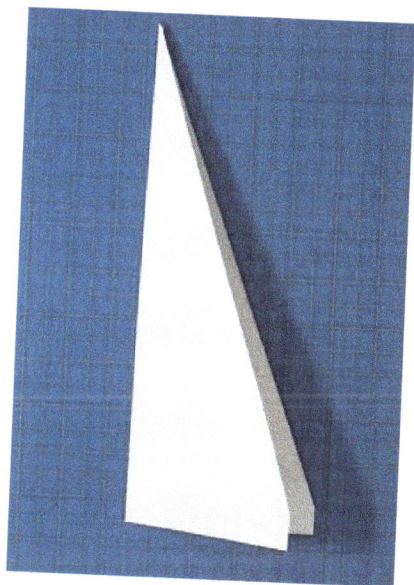

5. Piegare le ali verso il basso per incontrare il bordo inferiore del corpo dell'aereo.

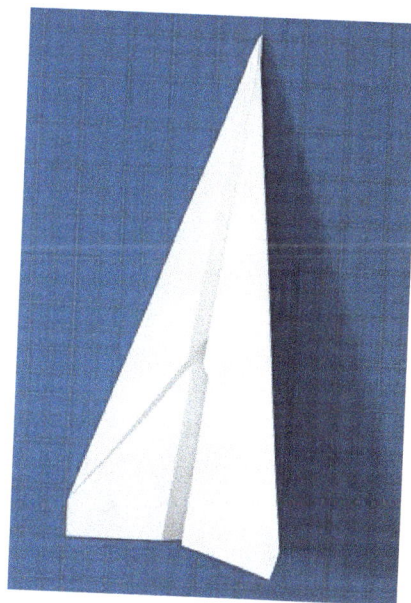

Grazie a FoldNfly.com per queste istruzioni e immagini - per altri modelli di aeroplani visita https://www.foldnfly.com/#/1-1-1-1-1-1-1-1-2

Altri titoli della serie "Fatti Casuali":

Il Libro dei Fatti Casuali sulle Automobili

Il Libro dei Fatti Casuali del Cervello

Il Libro dei Fatti Casuali dello Spazio

Il Libro dei Fatti Casuali sul Sonno

Il Libro dei Fatti Casuali sulla Lingua